도심 속의 외로운 섬

도심 속의 외로운 섬

김종각 세 번째 시집

그림과책

| 시인의 말 |

이것밖에 없습니다
탈탈 털어도
주머니 속을 뒤집어 보아도

이것밖에 없습니다
마음을 꼬집고 뒤집어 보아도
머리를 굴리고 흔들어 보아도

이것밖에 없습니다
금생에는
이것이 전부인가 봅니다

- 乙巳年 暮夏 섬강가 陋屋에서

차 례

5   시인의 말

제1부

12   시간의 흐름
14   8760
16   벽돌
18   도심 속의 외로운 섬
19   사진작가
20   누가 묻거든
21   어찌해야 하니
22   지구가 울고 있다
23   프리즘
24   눈치
25   돼지부속
26   어찌하랴
27   울림
28   두물머리
29   서리
30   변심
31   로드 킬
32   스마트폰
33   산과 송전탑
34   따뜻한 손길

제2부

36 야생화
37 사마귀
38 섬강 길
39 엠 공판장
40 병정의 아침
41 노인복지관
42 조경수
43 새벽 산책길
44 명아주
45 계수나무
46 감나무
47 호박
48 시골 목욕탕
49 좋은 걸 어떻게 해
50 우체통
51 징검다리
52 과욕
53 옥수수
54 튤립
55 출근길

제3부

58 첫날의 기도
60 중생이라 행복합니다
62 삼층 석탑
63 흥법사지
64 관촉사
66 마곡사와 국화
67 흰나비
68 마음 가는 곳 따라
70 전나무 숲길
71 어느 날
72 연비
73 묵언 2
74 안창대교
76 나뭇잎
77 바람이 머무는 곳
78 돌멩이
79 화접도
80 원룸촌
81 세상 속에서
82 이것밖에 없습니다

제4부

84 갈색구두
85 돋보기
86 오십견
87 고향 나들이
88 고향이 사라지다
89 아쉬움
90 밤바다
91 낙과
92 장단 소리
93 계절이 바뀌는 것은
94 봄비
95 모기
96 처서
97 가을바람
98 늦가을 2
99 겨울 아궁이
100 인생 7
101 나의 언어
102 아파트
104 태양을 향해
105 오늘

제1부

시간의 흐름

오랜 반복 끝에
시간의 흐름에 올라타다
등짝을 겨우 잡고
조금만 움직여도
끝없는 나락으로 곤두박질치는
시간의 미아가 될 수 있는
모험 속의 모험

모험을 즐길 줄 모르는 내게
언제부터인지 스며들어온 객기
실체가 없는 시간과의 부질없는 다툼

잡았는가 했지만
손바닥을 펴 보면 아무것도 없는
그러나 보이지 않는 그 무엇이
시간에 밀려 변화된 모습
과정은 대수롭지 않은 것 같았는데
결과는 엄청났다

저 아래로부터 오는
시간을 잡기 위해

호흡을 가다듬어 본다

언제쯤 시간을 앞에 세워
일갈할 수 있겠는가

8760*

8
7
6
0
서서히 소멸되다가
영으로 급락한다
영이 되면 해가 바뀌면서
어김없이 충전된다
고마움을 알 때쯤이면
더 이상 충전이 되지 않는다
성능 좋은 스마트폰도
에너지가 고갈되면
쇠붙이에 불과하다
마음껏 누리다가
충전이 더디거나 되지 않는다면
폐기물이 되고 만다

8 7 6 0
많은 것 같으면서도
서서히 줄어든다
영으로 떨어진다

정초의 활력도
시간이 흐르면서
불능일 때
그렇게 끝나간다

*1년은 8,760시간

벽돌

이질적인 모래와 시멘트에
물을 부어 만들어진 반죽은
틀 속에 넣어져
뭇매를 맞고 정신을 잃었다
얼마 후 정신을 차리니
옴짝달싹할 수 없다
시간이 갈수록 굳어만 간다

자라면서
틀 속에 보내져
원하는 생산품이 되면
으뜸으로 치고
그렇게 거치고 또 거치면
출세했다고 하더라

실패한 벽돌은
벽돌로 취급받지 못하고
관심 밖으로 밀려난다

어쩌면 반죽부터 실패했을지도 모르는
그러나 따뜻한 마음씨를 가진 그분은

오늘 아침에도 온기를 전해 주고 있다
단단한 벽돌이 아니어서 느낄 수 있는
행복을 누리고 있다

도심 속의 외로운 섬

조그만 사각의 울 안에서
팔이 잘려 버린 채
수많은 세월을 보냈다오
매연과 열기 속에서도
한기와 염화칼슘 무데기에서도
의미 없는 지난 시간이었다오

위로 뻗어도 잘리고
옆으로 뻗쳐도 잘리고
그저 사각의 테두리에서
인간의 잣대에 따라
연명하는 신세라오

가녀린 잎사귀 흔들어 보아도
돌아보는 이 없는
그저 그런 세월
탈출할 수 없는
도심 속의 외로운 섬
플라타너스

사진작가

정해진 시간도 약조도 없이
몇 날 며칠을
지구를 돌리고 있었네
덥거나 춥거나 가리지 않고
최적의 찰나를 도출하기 위해
수 없이 그래왔었지

어렵사리
지나가는 시간을 정지시켜
나만의 언어로 형상화하는 것이
소임이고 책무인 것처럼

나의 창을 통한 세계의 모습은
무엇이 다를까

지구의 중심은 나라는 외침이
겹겹이 몰려오고 있다네

누가 묻거든

누가 묻거든
내
행복은 지금이여
외관은 어설프지만
마음만은 그려

난다는 사람들
하루 열 끼 먹더냐
하루가 몇 백 시간이더냐
이리저리 챙기랴
마음은 바쁘고
오라 가라 들락이는 곳
영어鎖圄의 신세

그래도 밖에 있잖여

어찌해야 하나

평화롭던 동네 곳곳이
어느 날,
수술을 했거나 진행되고 있다
괴로워하거나 말거나
성형술을 뽐내고 있다
속전속결이 과제인 듯

출렁다리는 고요하던
마음을 일렁이게 하더니
강바닥에는 보형물을 무수히
가슴에 대못 치듯 하고
산허리는 생채기 내어 띠를 둘러놓고
말 없는 이들의 고통을
한 번쯤 생각은 했을까

상처 난 마을을 동네방네
소문내어 자랑하고 있다
옛말에
병은 자랑을 해야
쉬이 낫는다고 해서일까

지구가 울고 있다

이 세상을 살아가고 있는 사람들은
고마움보다도
덥다 춥다 불평하고
파헤치고 괴롭히며 살아왔다

어머니가 잘못하는 자식을 위해
타이르고 울면서 사정을 해도
외면해 온 자식에게
회초리를 드는 것처럼

참다 참다
더 이상 참기 힘들어
땅이 흔들리고 갈라지며
우리에게 사정과 경고를 한다

하지만
우리는 지구의 마지막 관대함마저
받아들이지 못하고
지진이라고 호들갑만 떨고 있다

프리즘

세상을 볼 수 있는
유일한 창
고장이 났대요

입력되는 값은 같은데
제대로 분석할 수 있는
도구도 없이
토해내는 그런 세상이래요

빛에 저장된
본질을 알지도 못하면서
보이는 현상만이 전부인 것처럼

우매한 내게
온전한 프리즘 하나쯤 있으면
혜안을 장착하려
노심초사할 일도 없겠지요

빨주노초파남보

눈치

눈에는
또 다른 눈이 있다
눈이 볼 수 없는
그 무엇을 찾아내는 눈

좋은 목을 찾아야 하고
오가는 사람들의
시선을 끌어야 한다

눈 비 맞으며 한 데에서도
엄마의 손을 놓치지 않으려고
껌처럼 붙어 있으려고 하지만
그것도 잠시
사생아로 태어났기에
이리저리 뜯기며
서글픈 이별을 해야 한다

그 자리
마음의 벽에는 하나 둘
시꺼먼 멍울이 번져 간다

돼지부속

언젠가 식당 차림표에서
'돼지부속' 발견하고
소름이 일었던 일이 있었다
시계부속 등 무생물에 쓰이던
부속이라는 단어가
슬며시 생명체에도 도입되었다

사람도 사회의 구성원이 아닌 부속이 되었고
인체도 자동차부품 교체하듯 하는 세상
이것이 세밀화이고 과학의 발전인가
허기야 휴머노이드humanoid 세상이라는데
인간은 소용이 다 되어가고
세상은 인간이 사라져야
환경이 좋아질 것이라고 하니
결국은 그리 될지도 모른다

돼지부속
끔찍하기만 하다

어찌하랴

강물이
탁하다고 밀어내더냐
보듬고 시달리며
세월을 이겨내고
대처로 모이고 모여
모습이 달라도 어깨동무하면서
승천하더라

인간은
원천이 같다 한들
이러저러 사유로
투닥거리고 밀어내며
세월마저 가르려 한다
승천은커녕
컴컴한 땅속으로 가면서도
모이면 갈라지더라

어찌하랴

울림

연못에 던져진 돌멩이 하나
바닥으로 앉는다
수 없는 동그라미
존재를 알리려
연못가로 밀어낸다

아름답고 행복한
세상을 지향하는
작은 소망이 사회 곳곳에
스며들기를 기도한다

욕심을 내리고
배려하는 사람이 되어야지
시기와 질투를 떨치고
훈훈한 사랑을 주어야지

석고화 되어 가는 마음에
작은 울림판이 되어야지

두물머리

구름 덮인 강가
오리 몇 마리 띄워 놓고
이름도 떨떨한 명태 같은 놈들아*
떼 지어 무얼 작당하는가
팔뚝만 한 떡붕어는
통통한 몸 으스대며
무얼 자랑하는가

삐쩍 마른 몸뚱이
어슬렁거리며
큰 눈 끔벅이며
타락한 무리들 눈치 보는가
가엾다, 이놈아
눈치 볼 것이 그리 없더냐
쓸데라곤 없는
못난이들 주위 맴돌고 있다

* 강준치 : 육식어종

서리

지난밤
이르게 된서리 내렸다
볼만했던 가을이 딴 모습 되었다
콩잎은 조막손 되었고
고추는 창백한 몰골인데
화초는 자리를 정리하고
둔치는 쓰나미가 지나간 것처럼
늦가을 끝 무렵이 애잔하다

자연 따라
세상도 된서리에
이태째 시름거리며
갈피 못 잡고 우왕좌왕

언제쯤 철이 들려나
노력보다 욕심이 앞서고
인내보다 화부터 내고
이웃보다 내가 우선인
아수라장 같은 세상에
내가 지금 살고 있다네
된서리 머리에 맞으며

변심

눈이 내린다 하더니
비가 뿌린다 흙비가 …
주차장에 있는 차의 유리창에는
상상하기도 끔찍한 흙비의 잔재로 우울하다

얼마 후 기상예보대로 눈이 내린다
눈이 쓸고 지나간 차창에는
회색 눈이 실눈을 하고
찌푸리고 있다

남을 탓해 무엇하겠는가?
자신이 변심했으니
그 결과를 돌려받는 중

로드 킬

더불어 살아가자
더불어 살아가자
욕심을 내리고

사랑하며 살아가자
사랑하며 살아가자
서로를 아끼며

매번 아침 출근길 42번 도로에는
여기저기 생명의 낙엽이 뒹군다
사람만을 생각한
중앙분리벽만 없더라도
이들의 죽음은 줄어들겠지

스마트폰

어제는
배터리가 소진되었다
구속으로부터 벗어나나 했더니
갑갑하고 근질거린다
습관이란 무서운 것이다
하는 수 없어 충전기를 찾는다
한참을 부리려면 배불리 먹여야 한다

오늘은
스마트폰이 없다
퇴근하면서 두고 왔더니
불안하고 안절부절
기계의 노예가 되어 있나 보다
지인의 폰을 이용한다
만날 때까지 참아야 하는 인내가 필요하다

어느 사이
아니라고 부정해도
자존은 무너져 가고
기계의 그림자가 되어간다
웃고 슬퍼하는 ……

산과 송전탑

척추에 수십 개의 핀을 꼽고
인공 신경을 드리우며 버티는
저 산은 바보인가 보다
고통스럽기도 하겠지만
말없이 인고하는 모습은
측은하기조차 하다

사람들이 싫어하는 줄도 모르고
그네들에게 밝음과 편리를 위해
송전탑은 힘들어도 네 다리 깊이 묻고
바람이 불면 윙윙 울고
눈이 내리면 소복이 덮어쓰고
비가 오면 뚝뚝뚝 눈물 흘린다

산과 송전탑은
반겨 주는 이 별로 없는 세상에서
그네들의 소임을 다하고자
오늘도 인공 신경으로 버티고 있다

따뜻한 손길

온기가 전해지는
친구의 손에는 힘이 느껴진다
삼십여 년 불편한 몸으로
모임 때마다
시간을 공유한다

한 번쯤
건널 법도 한데
언제나 웃음 잃지 않고
그의 그림자가 되어주는
부인에 대한 마음은 숙연해지고
어눌한 말투와
더듬더듬 걷는 모습에서
삶의 의지가 여실히 전해져 온다

삶이란
행복이란
주어진 여건에서
최선을 다해
살아가는 것 아니겠는가

제2부

야생화

논두렁길에도 반기는 이 있네
존재를 알리려 무리 지어
초록과 노오란 투피스 차림으로
가냘픈 몸 격하게 흔들어 맞아주네

동토의 암울했던 시절 이겨내고
싹을 키울 일념으로 지나온 시간들
바람에 전해오는
그대들의 생존기
가던 걸음 멈추고
무릎 접고 귀 기울여 본다네

나 또한 그대들 곁에 있고 싶네

사마귀

늦가을 오후 산책길
사마귀 한 마리
죽은 듯 길바닥에 붙어 있네
기척만 있어도
빠르게 반응하던 시절과는 딴판
그 모습 낯설구나
발길 닿지 않는 곳으로 옮겨주려니
도통 움직이지 않는구나

어렵사리
양지바른 풀 섶으로 옮겨 주어도
갈 때가 되었으니 이러지 말라고
자연의 섭리라고 속삭이는구나

섬강 길

섬강 변 산책길에는
이름 모를 잡초들이
꼿꼿이 솟아오르고
강물은 빗살무늬
결을 만들어 흐르며
지는 해와 유희를 하네

이 길을 걷노라면
옛 친구 만난 것처럼
하루의 지친 마음
흔적 없이 지워지며
어느새 행복이 찾아오네

엠 공판장

마을 변두리 공동 휴게소
엠 공판장 문 옆에는
나란히 사각 목재 탁자 세 개 있다

지나다 보면
동료들과 담소하는 사이
막걸리 잔은 춤을 추고
하얀 연기 뿜으며
하루의 고단함을 날리고 있다

오늘은
탁자 위에 캔맥주와 오징어가
늦가을 쌀쌀한 밤공기와 더불어
중년의 남자를 위로하고 있다
한 시간 넘도록
지나온 시간을 곱씹으며
시와 소설을 쓰고 있다

우리 마을 엠 공판장은
희로애락의 파도가 너울거리고 있다

병정의 아침

이른 아침
어느 사원아파트 앞 버스정류장에
표정 없는 젊은 병정들이 무리 지어 있다

오늘도 전쟁터에 나가
삶의 원천을 확보하기 위해
퇴색된 표적을 향해 돌진해야 할 것이다

통근버스가 당도하니
총에 장전되는 총알처럼
하나 둘 버스에 오른다

버스 떠난 자리에는 산비둘기 울음만 구슬피 들려온다

노인복지관

어느 날 노인이 되어 있다
'아버님'에서 '어르신'으로
의지와는 관계없이
불리어지는 이름이다

노인복지관의 일원이 되어
강좌를 수강하면서 몇 해가 지나니
처음의 어색함은 사라지고
자연스레 노인화 되어가고 있다

멋진 노을을 같이 바라보며
향유하는 사람들이 있어
살아갈 만한 기쁨이 더한 것 같다

조경수

어느 해보다 무더웠던
실내의 냉방기도 매우 힘들었을
계절이 지나가면서
길손도 없던
늘 다니던 길가 조경원
문득 눈에 들어오는
싱싱한 푸르름을
발산하는 조경수들
초가을 하늘을 떠받들고 있다

무더웠던 햇살은
따가움으로 변신하였다
삼십여 분 거리가
이제는 걸을 만하다
그간 숨죽여 지냈을
조경수들의 여유로움이
이제야 느껴지고 있다

새벽 산책길

예보보다 이르게 비가 내린다
점점 거칠어진다
우산을 사이하고 기구한 삶을
저 지방은 어떻고
바다 건너는 어떻고
어디 가나 숨이 턱턱 막혀오고 있다고
주저리주저리 하소연한다
예전 같지 않다고
낭만은 떠나가고
마치 종 부리듯 대한다고

수로에서는 시원하게 내려가는
그대
모처럼 몸과 마음이 개운하단다

명아주

텃밭에 웃자란 명아주
농부 눈에 거슬려
삶터를 잃고
뜨거운 시멘트 길바닥에
널브러져 있네

자만하지 말고
눈치껏 조금씩만 자랐으면
누가 탓할까마는
잘난 체하다
이 모양이 되었네

계수나무

발코니 앞 정원에
계수나무 세 나무
오랜 세월 꼿꼿이
한결같이 우리를
지켜주고 있지만
외진 곳엔 무관심
그러거나 말거나

날씬한 몸 곧바로
푸른 하늘 향해서
거침없이 오르네
여보게들 가거든
어리석은 사람도
행복하게 살라고
전해주게 넌지시

감나무

늦가을로 접어들며
벗을수록 드러나는
탄력 없는 삐쩍 마른 가지
곳곳에
확연히 드러나는 황색 반점들
시간이 지나며
하나 둘 사라진다

초록에서 황색으로 변하는 동안

무엇을 생각했을까

호박

앞집 마당 대추나무, 오동나무에
호박들이 주렁주렁 달려 있네
얼마 전부터 잎들 하나 둘 떠나며
모습 드러내는
보름달 같은
도깨비방망이 같은
항아리 같은
모양들
초록의 호박들이 늙어가고 있네

며칠 전
서리가 오면서 더 그러하네
오늘 아침 창을 통해 보이는 그네들은
산부의 탯줄 같은
가녀린 줄기에 매달려
출산을 기다리고 있네
잎이 다 떠나면
그대들도 새로운 여행을 시작하겠지
미지의 세계로

시골 목욕탕

이른 새벽
한적한
목욕탕

수명이 얼마 남지 않은
벽부등
창백한 모습으로
떨고 있다

구석진 모퉁이
촌로의
구부러진
앙상한 마디
건반을 타고 있다

좋은 걸 어떻게 해

12월 초 어느 날
산책 나오다
누가 이리 반갑게 맞아주랴
바람이 먼저 코끝을 상큼하게 해 주고
해는 멀리서 온정을 보내오고 있다
강물은 명쾌한 소리로 환영한다
둔치에 파릇한 풀도 생기를 주고 있다
어수선한 들판도 내 일 다 했으니
이제는 쉬어야겠다고 읍소를 한다

여기를 쉽사리 떠나지 못하는
이유 중 하나일지도 모른다

우체통

어제도
기다렸습니다
멀리 계신 님의
따뜻한 마음이 담긴 소식을

오늘도
기다려 봅니다
사랑하는 님의
달콤한 속삭임을

내일도
기다려 보렵니다
사시사철
기다리고 기다리며
님의 소식을
바라고 있겠습니다

징검다리

턱 턱 턱
발걸음 놓았었다

세월이 한참 지나
알게 되었다

오늘
징검돌 위에
조심스레
발을 얹고 있다

개울물
미소 지으며
떠나간다

과욕

평생을 험난한
구도의 길 찾아가는
선지식이 있기에
행복을 찾아갈 수 있다네

수많은 점과 점이
고르지 않은 선과 선이
제각각의 모양들이 모이고
마음으로 흐르고 흘러
변하고 변하여
종내에는
자연으로 돌아가거늘

다름이 존재하기에
세상이 존립할 수 있다는데
지금은
사람이 되고 싶다는 열망이
과한 욕심이 될 수도 있겠다

옥수수

부끄럼 없이
벗고 벗는다
둘러싸인
마지막 옷까지 걷어내면
속살 하얀
몸통을 드러낸다

눈치 볼 것 없이
훌훌 벗어 버리고
탕 속으로 들락이며
밀어내고 밀어내도
아프기만 하고
옥수수처럼 되지 않는구나

지나온 행적을
지우려 한다고
깔끔히 지워는 지겠는가

튤립

황사가 모든 존재를
잠재우는 요즈음
봄비 찾아왔다며
자리를 박차고
가냘프지만 올곧은
꽃대 하나 하늘로 올려
붉은색, 노란색, 주황색
손을 모아 정성을 다해
세상을 떠받들고
하나보다 둘, 셋 아니 그 이상
무리 지어 존재를 알리고 있다
환경에 꺾이지 않고
시간을 인내하며
생명을 있게 해 준 자연에
아름다움으로 보답하는
너를
진정 꽃이라 부르고 싶다

출근길

참새 떼가 농로를 가로질러
저공으로 곡예비행을 하며 지나간다
동쪽에서는 멀리 옅은 안갯속에
게으른 태양 슬며시 오르고
가을 추수를 끝낸 주변의
논에는 적막함이 쌓여 있다

농로를 지나 고부랑 시골길 양옆의
감나무에는 주황 입술을 하고
주렁주렁 매달린 감들
구원의 손길 찾고 있다

그런가 하면
옆길에서 불쑥 끼어든 차량
속죄하듯 점멸등 껌뻑이며 간다

노인이 긴 집게 들고 쓰레기 줍는다
모두 처리할 수는 없어도
이런 분들이 있어
세상이 이 정도로 깨끗한가 보다

제3부

첫날의 기도

갑진년 첫날을 맞아
하얀 눈 쌓이고
코끝을 시리게 하는
설악산 달마봉 자락
구복암이었던 월해사에서
꼭두새벽 타종을 하고
원통보전 바닥에 부복俯伏하여
천수천안관세음보살님께 기도드립니다

대자대비하신 관세음보살님이시여!
삼법인 가르침 깨달아
오계를 수지하고
사성제, 팔정도를 닦으며
계정혜 삼학도를 갖추어
탐진치 삼독심을 털어내고
육바라밀의 실천을 통한
수행이 이루어지기를 갈구하오며
불보살님에 대한 변하지 않는 불심으로
기도하는 이 마음이
지속되어지기를 두 손 모아
간절히 발원하나이다

나무 관세음보살
나무 관세음보살
나무 관세음보살

중생이라 행복합니다

부슬부슬 봄비가 우산에 앉는다
장날 읍내로 향하는 걸음
가는 길에 복권집 들러
한 줌 행복을 담는다
전용도로 치달리는 차량들은
막무가내로 미움을 살포하고 간다

비의 영향력 때문인지
8일 장은 썰렁하다
꽃과 나무, 족발, 꽈배기, 간이음식, 반찬 등 자리하고
지분이 제일 많은 만물상의 자리 휑하다
두부와 김도 불참이다

두어 가지 반찬 챙겨 장을 벗어나다
올 때와는 달리 시멘트 농로로 접어들다
지나온 시간 생각하면 웃음이 번진다
'원래 행복은 시시각각 변화무쌍'
잠시라도 다른 생각하면
손가락 사이로 빠지는 모래와 같다

잘난 척, 고고한 척, 있는 척, 척 척 척

가늠할 필요 없이
생긴 대로 살아가는
중생이라 행복합니다

삼층 석탑

산기슭 자락 끝에 초라한 삼층 석탑
천년을 독수공방 외롭다 하지 않고
지켜온 그대 있기에 흥법사지 있다네

홍법사지

중추의 하늘
파란 차림으로
따사로운 햇볕
보내오고 있다

살랑 살랑이는
강바람과 새소리마저
평화로움 더하고
잘 가꾸어진 밭에는
결실 무성하다

긴 세월 외로운 시간들
이슬 머금은 잡초
애처로이 자리를 지키고 있다

관촉사

동네 뒷동산 오르듯
가벼운 마음으로 오를 수 있는
시민들의 발길 잦은 반야산
산이라 하기에는 어색한 언덕 같다

이십여 분 경행으로 산에 오르고
산에서 300여 나무계단을 내려서고
다시 50여 돌계단을 오르면
경내에 도달한다

한숨 돌리고
정면의 대광명전, 오른쪽 미륵전,
왼쪽으로 45도 돌려
지장전과 산신각을 향해 저두 일 배하고
대광명전, 미륵전, 지장전에 들러 향 하나 올리며
영가님들의 극락왕생을 발원하다

가파른 돌계단 오르면
칠성신, 산신, 나반존자가 삼성각에서 맞이한다
'무슨 일로 왔느냐?' 묻고 있다

삼성각 앞 벤치 소나무 그늘에서 경내를 바라본다
 참배객과 관광객이 어우러져 법계의 찰나를 즐기고 있다
 은진미륵은 불사의 주인공이 되어 가림막 속으로 모습을 감추고
 거대한 석등은 천여 년 지나오며 중생의 마음을 밝혀 주고 있다

마곡사와 국화

볕 좋은 늦가을 한낮
법계法界로 들어가는 해탈문에 들어서니
흔들리는 마음 어찌할 수 없다
이를 아는 듯 노란 국화분菊花盆들이 외호하듯
짙은 향기 발산하며
무리 지어 맞이해 주고 있다

어렵사리 해탈문 지나니 천왕문으로 이어지며
더 많은 국화와 단풍으로 물든 나무들이
움츠러진 중생을 위로하는 듯하다
사천왕들께 합장하고 옹알이해 본다

경내 곳곳에 불타는 듯한 단풍을
노란 국화들이 달래고 있다
추갑사秋甲寺와 다를 바 없다

극락교를 건너며 마곡천에 마음을 비추어 본다
물이 맑아서인가 마음 또한 청정해진다
곳곳에 노란 국화분이 있어 더욱 그러한가 보다
경내와 법당을 돌아보며 법계에서의 찰나를 보낸다

흰나비

땡볕이 쏟아지는
8월 어느 여름날
한적한 경내境內 서편
미타사 약사전 법당 안
흰나비 하나
너울대는 촛불 따라
수 없는 날갯짓
중생들의 뭇 아픔 벗도록
부처님께 기도하고 있구나

문 열어 한참을 기다리지만
바깥세상으로 갈 수 있는
유일한 기회를 접고
이타행利他行을 실천하는 보살이 되려는구나

날갯짓 따라
108배 올리며
12대 서원 이루어지기를
갈구渴求해 본다

마음 가는 곳 따라

가을볕 따라 외출하다
마음이 멈춘 곳은
오대산 계곡

상원사로부터 시작되는
십여 킬로미터의 선재길을
걷는 뿌듯함은
걸어 본 사람만이 알 수 있다

계곡의 맑은 물소리가 좋고
곳곳에서 신선한 바람과
따사로운 햇살이 반겨주고 있어 좋다

가끔은 단풍이 들어가고 있는
나무들의 잎들을 보며
발길을 멈추고
평온함을 마음에 담을 수 있어 좋다

계곡도 건너보고
물에 손을 담가도 본다
차가움은 정신을 들게 한다

월정사까지 걸어 내려오는
세 시간은 불보살님의 포근함을 느끼는
나만의 행복한 시간이 된다

전나무 숲길

탄허 큰스님의 활력 넘치는
일주문 현판 '月精大伽藍'(월정대가람)
한참을 바라보다 발걸음 옮긴다

좌우로 전나무가 보듬는
이 길 들어서면
산란했던 마음 평온해진다

다람쥐 인사를 받고
한 발 한 발 놓으며
기원을 한다

은은한 피톤치드가
오대천 물소리도
잠시 잊게 한다

십 년 넘게 걷고
일백 번도 더 걷고 걸었다
이 흙길이 가끔
할머니의 품 속 같은
아늑함이 전해져 온다

어느 날

봄비 내리는 주말
반야루 기둥에 기대어
세상을 바라본다
돌계단으로 떨어지는 빗방울
바람이 불면 이따금
품으로 들어와
무언가 속삭이듯 한다
예까지 어렵사리 왔는데
법계로 들지 못하고
예서 낙수가 되니
억울한가 보다

연비

대웅보전 앞마당에
목탁소리 따라
수많은 대중들의 참회진언으로
경내를 그득 채우고 있다

가을볕의 따가움도
아랑곳하지 않고
연비를 기다리는 모습이
엄마 품속의 아기와 같다

이 마음 변하지 말고
세상에 나아가
향과 등이 되어
불국토를 장엄하자고 한다

하늘에서는 구름조차
미소 지으며 속리산 등성을 넘고 있다

묵언 2

2021.12.16. 새벽
다소곳이
합장을 하고
.
.
.
.
.
.
가부좌 틀고
마음으로의
여행을 떠나다

안창대교

섬강 한복판에 서서
간현에서 흘러오는 사연을 들으며
흘러 내려가는 속삭임을 듣고 있다
내가 있어 먼 이야기 들어주고
지금의 이야기를 들려주고 있다

시월의 마지막 휴일
따가운 볕을 벗 삼아 그대를 건너
진공 국사眞空國師 뵈러 가는 길
나지막한 영봉에는 단풍들이
가을볕을 받아 강렬하게 빛나고 있다

S자 소로를 걸어 들어
보물 제463호 앞에 서다
여느 때와 다름없이
이수螭首는 사방으로 작은 용들이 외호하듯 하지만
몸돌을 잃은 채
귀부龜趺의 등에 업혀 있다
속절도 모르는 까마귀 울음이 허공을 헤매고
참새들은 소리 죽여 울고 있다

잠시 고요 속으로 밀려들어가며
옛 사연 들려오는 듯한데
바람결에 눈을 뜨니 천여 년이 훌쩍 지났구나

나뭇잎

새벽녘
비에 젖어드는
계수 나뭇잎들의 속삭임
가슴으로 스며드네

오는 비 피할 생각도 없이
온전히 맞으며
촉촉한 입술 되어
누구를 기다리는가

어린 새잎으로 태어나
갖은 풍상 견디며 자라더니
풍성한 시절도 잠시
세월 이기지 못해
누런 옷 갈아입고
소리 없이 떠나가려 하는구나

바람이 머무는 곳

바람이 머무는 곳
나 거기 가리라
기쁨과 슬픔과 사랑과 미움이 있는
세상 품 속 같은 곳

철따라 새로이 태어나는
바람이 되고 싶어라
사랑도 받고 미움도 사는
그러나
남을 탓하지 않는 곳

들려오는 강물 소리에
가던 길 멈추고
그곳에 시선을 둔다

바람 따라 흐르는 행복을
언제쯤 조우할 수 있으려나

돌멩이

속내를 알 수 없다
굳게 다문 입술
바람 한 줌
비집을 곳 없다

한(恨)이 서려 있음이런가
보는 이 가슴 젖어든다

헤아릴 수 없는
세월 따라
묵언으로 지내온
그대였구나

지나온 만큼의 세월이
지나도
그대
그 자리에 있을까

화접도

Ⅰ
찾아 주는 이 없지만
훨훨 날아 너에게로 간다

행복을 찾을 수 있기에
살며시 날아 너에게로 간다

밀어를 나눔도 잠깐이지만
하루를 위한 원천이기에

꽃과 호랑나비는
무언의 몸짓으로 서로를 내어주며
율동과 평온을 공유하고 있다

Ⅱ
검은 연미복 멋쟁이 찾아
반년半年을 기웃기웃
비어있던 화폭은
색채로 물들어가고
때늦은 성취감이지만
행복의 알갱이로 채워지고 있다

원룸촌

엄마 품

세상 품

우주 품

붓다 품

세상 속에서

(1. 엄마)
자욱한 안개에서 태양이 떠오르고
농로 옆 수로에서 생명이 움터 나면
울 엄니 가슴에서는 희망의 꽃 오르네

(2. 그리움)
가까이할 수 없는 너이기에 슬프구나
마음은 간절한데 그대는 멀리 있고
세상이 만들어 놓은 얼개에서 맴도네

(3. 우는 여인)
골목길 내려오며 슬피 우는 여인아
사연이 무엇인지 속내는 모르지만
운다고 해결된다면 누구인들 못할까

(4. 그림자)
햇볕이 따가운 늦가을 어느 오후
동구 밖 느티나무 아래로 들어서니
따르던 나의 모습은 자취조차 없구나

이것밖에 없습니다

이것밖에 없습니다
탈탈 털어도
주머니 속을 뒤집어 보아도

이것밖에 없습니다
마음을 꼬집고 뒤집어 보아도
머리를 굴리고 흔들어 보아도

이것밖에 없습니다
금생에는
이것이 전부인가 봅니다

제4부

갈색 구두

네댓 살 무렵
고모부께서 선물해 주셨던 갈색 구두
잊혔는가 하면 떠오른다

신어본 기억이 나지 않는
신주 모시듯 머리맡에 두고
보기만 했던
이것이 갈색 구두에 대한 기억의 전부인데
수없는 세월이 지났어도
신기하게 선명하게 아른거린다

누구나 아련한 추억은 한둘은 갖고 있을 것이다
아끼고 아끼다 신어 보지도 못하고
기억으로만 남아 있는 갈색 구두

칠십 고개를 넘은 지금에서야
깨닫는 삶의 지혜
지금부터라도 실행에 옮기는
삶을 살아가라 한다

돋보기

세월이 가면서 필수품이 늘어났다

주머니에 넣고 다니면서
도움을 받고 있으면서도
한때는 불편하다고 구박도 하고
낮은 평점을 주기도 했다

세상은 렌즈의 컨디션에 따라
내 의지와는 다르게 보였지
나이테가 늘어나면서
그의 숫자도 늘어났다

시간이 지나면서
그에 대한 의존도는 높아지고 있다

심안心眼이 열릴 때까지는
나의 일부로서 소중히 대해야겠다

오십견

전에는
잠깐 찾아 왔다 갔었는데
고삐 풀린 망아지처럼
이치에 순응하지 않고
멋대로 살아가며
십오 년이 지난
오늘
다시 찾아와
호된 질타를 하고 있다

속죄하는 마음으로
자숙하기를 열 달
서서히 용서해 주나 보다
순리에 따르고
자연의 섭리에 거스르지 않도록
살아가라는
계시인가 보다

고향 나들이

봄바람이 불어온다고
마음이 흔들리는 것도

흐드러지게 만개한
연분홍의 도화桃花가
반백의 이방인異邦人을 유혹하는 것도

가지런히
순백純白함을 뽐내는
우아한 이화梨花가
마음을 붙잡는 것도 아니다

봄바람의 잔잔한 물결을
어우르는 저수지처럼
동심의 친구들이
떼쟁이 친구들이
한가득 담아 주는
푸근함 때문이겠지

고향이 사라지다

어느 날

손에 든

빛바랜 사진 한 장

바람에

날아가다

아쉬움

텅 빈
마음에

한 줄기
은색의
비행기 지나간 자죽

또렷함이
점점
소멸되어 간다

밤바다

어둠 속에서
등대를 보호자 삼아
파도는
하얀 이를 드러내어
철썩이며
울부짖고 있다

저 깊고 깊은
마음속
수억 겁 사연을
하나씩
쏟아내어
한탄하듯

파도는
철썩이며
방파제에
하얀 포말을 뿜어내며
슬픔을 전해오고 있다

낙과

이른 아침 산책길
간밤 비바람 등살에 투신한
애기 주먹만 한 감들이
퍼런 입술을 하고
담벼락 구석에 몰려 있다

거친 바람과 폭우도 잘 견뎌내며
7부 능선은 족히 넘었나 했더니
생명줄 놓은 것 보니 힘들었나 보다

살아 숨 쉬는 내 어찌
그들의 사정을 알 수 있으랴마는
자연의 섭리라고 단정하는
오만과 편협함에
얼굴이 달아오른다

장단 소리

두둥 두둥 두둥둥
장단 따라 타령 소리
삶에 스며 동행하네

기쁠 때는 기쁨을
슬플 때는 슬픔을

두둥 두둥 두둥둥
장단 짓은 있는데
들리지 않는 소리

계절이 바뀌는 것은

계절이 바뀌는 것은
사랑하는 그녀의 마음이
변하기 때문일까

여름 내내 땀 흘리며
열심히 지나온 태양이
쇠잔하여 쉬고 싶기 때문일까

이곳저곳 다녀도
이야기 들어 줄
누군가가 없기 때문일까

계절이 바뀌는 것은
어느 곳에도
영원한 사랑이 없기 때문일까

봄비

모두가 잊어가는 식목일

벚꽃 잎 흩날리며
찾아오는 봄비의 요란스러움은
오랜만이라서 그렇게 느껴지나 보다

저수지는 민낯을 드러내고
곳곳에서 산불로 가슴 졸이고 있는데
그대 오고 있구나

퇴근길 차창 밖에서 서성이며
늦어서 미안하다며 울먹인다

어찌할 줄 몰라 주춤하는 사이
밖은 때 이른 어둠이 내리고
더욱 크게 소리 내어 울고 있다

모기

한낮에 따뜻하다 했더니
빛바랜 고추잠자리 떼처럼
모기떼들 허공을 가른다
남의 속도 모르고

처서

눅눅했던 마음 말리려
창문을 연다
잔뜩 찌푸린 하늘은
어림없는 생각 마라 한다

잠시 후
거센 바람과 비를 보내온다
어찌 마음대로냐며 호통치듯이
천지 분간 못하고
날뛰지 말라고
감사할 줄 알아야 한다고
어울려 지내야 한다고

눈을 감는다
왠지 마음이 젖어오고 있다

가을바람

바람 따라 세월은 춤을 추며
계절의 향기 실어 온다

올여름 최강의 더위로 진땀을 흘렸지만
어느새 까마득한 옛일처럼 되었다
때로는 망각의 선물이 고맙기도 하다

조석으로 으슬으슬하니
어깨마저 움츠러들고
긴소매 옷 찾아야 하고
월동을 준비하게 한다

가을바람은 아랑곳하지 않고
들판의 풍요로움 전해오니
이 좋은 시절 가기 전에
마음이라도 풍요로움을 만끽하고 싶다

늦가을 2

황금물결 넘실대던 논에
하얀 무덤 생겼다
요동치며 흐르던 강물은
구탱이에서 수행 중

천천히
아주 천 천 히
가을이
떠나가고 있다

겨울 아궁이

겨울이 오면
아궁이 앞
풍구는 쉴 틈 없이 돌아
바람을 불어 넣고
왕겨는 강력한 빛을 발하며
정열을 뿜어낸다
산화한 잔재는
시간이 지나면서
하나 둘
삶의 그림자 되어
시커멓게 쌓여가고 있다

인생 7

인생은 복습이다
풀어 보고 풀어 보고
행동을 다시 해 보고
쉬임 없이 복습을 해서
다음에는 멋진 인생 되어야지

나의 언어

들로 강으로 산으로 바다로
나의 언어를 찾아
발길 재촉하고 있다

누렇게 익어가는 가을의 들판으로
나지막한 맑은 강물에서
단풍이 곱게 드리워져 오는 산으로
파도가 잔잔한 바다로
나의 언어를 찾아 헤매고 있다

코스모스꽃을 찾아
날갯짓하는 나비가 되어보고
때로는 벌이 되어도 본다

몇 날 며칠을 나서도
나의 언어를 찾는다는 것은
모래밭에서 바늘 찾기일까

그래도
나의 언어를 찾아 계속 가련다

아파트

벽으로 세상과 격리되어 가고
층으로 사람과 단절되어 간다

벽을 넘어 층을 오르려
안간힘을 썼지만
점점 기력은 소진되고
그 속에 감금되어 있다

스스로 밀폐된 공간으로
밀어 넣는 우리들
조그만 공간에서의 삶!
차단된 외부와의 유일한 통로는
전자기기를 통한 통로로 좁혀져 간다

자고 나면 벽은 더 두꺼워지고
하루가 또 지나면 층은 더 높이 올라간다
더하여 세상과의 통로는 더욱 좁아지고
첨탑이 되어 송곳처럼
서로에게 아픔을 주고 있다

벽이 엷어지고

층이 낮아져서
자연 속에서 행복을
사람 속에서 사랑을
찾는 날이 오기를 기대하며
오늘도 계단을 내려가고 있다

태양을 향해

저 붉은 태양을 향해
산소통 하나 등에 업고
첨벙 뛰어들었지

이른 아침에 가야
지름길로 갈 수 있다기에
깊은 물속으로 들었지
숨 가쁘면 수면 위에서
저 눈부신 태양을
가슴에 품으려고
가고 또 나아가지

한참을 가다 보면
태양은 저만큼 달아나고
잔잔한 바다는
어미의 마음으로
파도를 보내온다지

오늘

얼마 남지 않은 삶을
어제에 의지하며 산다는 것은
왠지 슬플 것 같다
오늘을 어제로 넘기는 것은
영원히 갚지 못할 부채
오늘은 멈추지 않고
어제라는 부채는 쌓여가고 있다

오지 않을 내일에
승부를 건다는 것은
불확실한 투자가 아니겠는가
지금, 이 시각
의지에 따라 생각하고
열심히 행동하는 것이
현자일 게다

그림과책 시선 329

도심 속의 외로운 섬

초판 1쇄 발행일 _ 2025년 8월 22일

지은이 _ 김종각
펴낸이 _ 손근호

펴낸곳 _ 도서출판 그림과책
출판등록 2003년 5월 12일 제300-2003-87호

03924 서울특별시 마포구 월드컵북로54길 17 821호
    (상암동, 사보이시티디엠씨)
        도서출판 그림과책
전화 (02)720-9875, 2987 _ 팩스 (02)720-4389
도서출판 그림과책 homepage _ www.sisamundan.co.kr
후원 _ 월간 시사문단(www.sisamundan.co.kr)
E-mail _ munhak@sisamundan.co.kr

ISBN 979-11-93560-36-5(03810)

값 12,000원

이 책의 판권은 지은이와 그림과책에 있습니다.
잘못된 책은 교환해 드립니다.

이 책은 한국예술인복지재단 2025년 예술활동준비금 지원사업으로 발간하였습니다.